新 HSK（五级）
高分实战试卷
3

刘 云 主编

北京大学出版社
PEKING UNIVERSITY PRESS

图书在版编目(CIP)数据

新 HSK(五级)高分实战试卷. 3 / 刘云主编. —北京:北京大学出版社,2012.10
(北大版新 HSK 应试辅导丛书)
ISBN 978-7-301-21226-4

Ⅰ.新… Ⅱ.刘… Ⅲ.汉语—对外汉语教学—水平考试—习题集 Ⅳ.H195-44

中国版本图书馆 CIP 数据核字(2012)第 215517 号

书 名:新 HSK(五级)高分实战试卷 3
著作责任者:刘 云 主编
责 任 编 辑:沈萌萌
标 准 书 号:ISBN 978-7-301-21226-4/H·3130
出 版 发 行:北京大学出版社
地 址:北京市海淀区成府路 205 号 100871
网 址:http://www.pup.cn
电 子 邮 箱:zpup@pup.pku.edu.cn
电 话:邮购部 62752015 发行部 62750672 编辑部 62752028
出版部 62754962
印 刷 者:三河市博文印刷厂
经 销 者:新华书店
787 毫米×1092 毫米 16 开本 3.25 印张 65 千字
2012 年 10 月第 1 版 2012 年 10 月第 1 次印刷
定 价:12.00 元

目　录

一、听　力 …… 1

二、阅　读 …… 5

三、书　写 …… 17

答案 …… 19

听力材料及听力部分题解 …… 21

阅读部分题解 …… 34

新 HSK（五级）

注　意

一、HSK（五级）分三部分：

1. 听力（45 题，约 30 分钟）

2. 阅读（45 题，40 分钟）

3. 书写（10 题，40 分钟）

二、答案先写在试卷上，最后 10 分钟再写在答题卡上。

三、全部考试约 125 分钟（含考生填写个人信息时间 5 分钟）。

中国　北京　　　××××/××××××　编制

一、听 力

（听力内容请登录 http://www.pup.cn/dl/newsmore.cfm?sSnom=d203 下载）

第一部分

第1—20题：请选出正确答案。

1. A 药品　B 食品　C 日用品　D 化妆品

2. A 赞成男的的看法　B 有些报道不真实　C 电视台不负责任　D 现在很想看报纸

3. A 出差　B 开会　C 休假　D 结婚

4. A 工作到特别晚　B 和太太生气了　C 妻子昨天不在家　D 丢了家里的钥匙

5. A 考会计证　B 上培训班　C 学习开车　D 自己买车

6. A 现在十分高兴　B 觉得自己很优秀　C 有很多竞争对手　D 在等待面试结果

7. A 运输费用　B 付款方式　C 人员结构　D 产品价格

8. A 兴奋　B 激动　C 紧张　D 着急

9. A 用不惯男的的电脑　B 男的的电脑反应慢　C 自己办公室里有人　D 想重新下载输入法

10. A 想回家吃饭　B 工作非常忙　C 临时有事情　D 另外有约会

11. A 自己不去出差　B 女的取消约会　C 找朋友接女儿　D 请母亲照顾孩子

12. A 去见了女的的父母　　B 忘记了约好的时间
C 去为女的买鲜花了　　D 在准备送人的礼物

13. A 七百多　　B 六百多
C 五百多　　D 四百多

14. A 伤心　　B 生气
C 吃惊　　D 兴奋

15. A 报告还需要修改　　B 下午要去公司
C 经理觉得写得不好　　D 自己去做市场调查

16. A 要当爸爸了　　B 是一名医生
C 来公司请假　　D 身体不舒服

17. A 她孩子爱吃蛋糕　　B 她感觉非常无聊
C 打算开家蛋糕店　　D 准备去学做蛋糕

18. A 与同事有矛盾　　B 和太太生气了
C 工作量太大了　　D 工作受到否定

19. A 四点　　B 四点二十
C 四点四十　　D 五点

20. A 她吃海鲜过敏　　B 那儿价格太贵
C 卫生条件不好　　D 服务态度很差

第二部分

第 21—45 题：请选出正确答案。

21. A 现在心情不好　　B 打算去看李明
    C 考虑事情很周到　　D 忘了征求李明的意见

22. A 医院　　B 机场
    C 家里　　D 公司

23. A 六点三十分　　B 七点
    C 七点三十分　　D 八点半

24. A 长得非常漂亮　　B 看起来很年轻
    C 和男的是同事　　D 上个月刚结婚

25. A 药店　　B 医院
    C 公司　　D 家里

26. A 衣服的流行款式　　B 天气的温度变化
    C 旅游的地点路线　　D 世界的发展方向

27. A 是用棉布做的　　B 价格比较便宜
    C 有很多种颜色　　D 还有最后一件

28. A 公司　　B 学校
    C 医院　　D 家里

29. A 自己现在很紧张　　B 女的的成绩很好
    C 希望女的放轻松　　D 现在想知道结果

30. A 喝醉了　　B 吃多了
    C 着凉了　　D 感觉很冷

31. A 拍照片　　B 去旅游
    C 参加活动　　D 认真减肥

32. A 非常浪漫　　B 十分谨慎
    C 很爱干净　　D 脾气很大

33. A 饭店 B 公司
C 咖啡馆 D 旅行社

34. A 担心路上不安全 B 要用的时间太多
C 会花掉太多的钱 D 那边的风景不好

35. A 想故意为难学者 B 请学者给自己讲解
C 准备和学者交朋友 D 想知道学者的工资情况

36. A 浪漫 B 害羞
C 刻苦 D 谦虚

37. A 很有责任心 B 非常有自信
C 不好好学习 D 大多成了才

38. A 以后的学习计划 B 工作压力非常大
C 相信他们会成才 D 马上要准备考试

39. A 都是非常聪明的 B 经过考试选出的
C 老师认真挑选的 D 任意选择决定的

40. A 自信心非常重要 B 要选择好的老师
C 在荣誉班才有前途 D 环境对人影响很大

41. A 收入丰厚 B 餐厅经理
C 热爱美食 D 智商很高

42. A 菜里没有放盐 B 有个更聪明的人
C 辣椒粉装错了瓶 D 服务员很有礼貌

43. A 一种 B 两种
C 三种 D 四种

44. A 拿了两个新瓶子 B 把盐倒在餐巾纸上
C 重新写调味品标识 D 调换两个瓶的盖子

45. A 愤怒 B 惭愧
C 得意 D 安慰

二、阅 读

第一部分

第 46—60 题：请选出正确答案。

46—48.

一家规模很大的公司曾与外省的一家报社 __46__ 举办过一次活动。活动结束后，负责发放礼品的一位女记者把剩下的 3 条领带交还给了公司。这件小事让公司总裁记忆 __47__ 。

几年后，这家公司打开省外市场，计划组建一个分公司。招聘经理时，总裁首先想到的就是那位女记者。这位女记者后来成了经理，她也果真没让总裁 __48__ 。

46. A 协调　　B 独立　　C 结合　　D 联合

47. A 深刻　　B 精彩　　C 重要　　D 宝贵

48. A 痛苦　　B 伤心　　C 担心　　D 失望

49—52.

有位中年人买了套房子，隔壁邻居是位老太太。为了 __49__ 友好，他对老太太很客气，每天看到她总是主动朝她微笑、对她招手，可老太太的神情却总是冷冰冰的。

春天到了，家门前的花园里露出了红红绿绿的生机。那一天，中年人回家时不忍心 __50__ 上那片绿色，便绕了点儿路。没想到刚上楼时，老太太就微笑着迎了上来，她的表现和话都让中年人感到 __51__ ："我整个冬天都在想，也有点儿担心，新来的邻居会是个什么样的人呢？"老太太顿了一下，接着说："当我看到你 __52__ ，我算了解了你，也知道我没什么好担心的了。"

原来，细节里处处有春天。

49. A 表达　　B 表明　　C 表示　　D 表现

50. A 跳　　B 踩　　C 跑　　D 走

51. A 意外　　B 不满　　C 同情　　D 担心

52. A 常跟我打招呼　　B 工作认真负责
　　C 用心照顾父母　　D 为了花草绕路

53—56.

一次，在一风景区，见一棵树长在一块大石头上，___53___，紧紧地抓住岁月落在石头上的一层薄薄的泥土。

“它怎么能活下来呢?”我不解地问。

“因为它只想活着。”导游说。

从风景区回来，细细品味导游的话，终于明白了长在石头上的那棵树活下来的___54___了：因为它只想活着，除此之外，别无他求，正是这个最简单、最原始、最朴素、最低微的___55___，让它在那个极其___56___的环境里生存了下来。

强大的生命力，不是它征服的多，而是它需求的少。

53. A 叶子是绿绿的　　B 上面挂满了果实
　　C 它的形状非常奇特　　D 它的根露在石头的表面

54. A 理由　　B 原则　　C 理论　　D 原来

55. A 思想　　B 愿望　　C 情绪　　D 逻辑

56. A 恶劣　　B 倒霉　　C 难过　　D 悲观

57—60.

一家化工厂发生火灾，刚开始火势并不大，发展速度也不算快，___57___致命的是一个存放液化石油气的容器漏了，又无法关闭开关断气或者将漏洞堵住，结果在消防队赶到之前，明火与液化气发生___58___，造成爆炸，导致多人死伤的悲剧发生。

事后消防员在接受记者采访时说：“其实这样的事故完全可以___59___，在火势尚小、液化气浓度尚低时，如果有人用火将漏的地方的液化气点燃的话，众人齐力将火势控制住，只需等待容器中的液化气燃尽，即可确保安全。”然而令人遗憾的是，这一有违常理的救火方式没人能想得到。

很多时候我们习惯于头痛医头，脚痛医脚，思维总是局限于某一方面，不愿___60___，结果费了九牛二虎之力，却事倍功半，收效甚微。

57. A 从而　　B 然后　　C 然而　　D 而且

58. A 解释　　B 接触　　C 显示　　D 控制

59. A 避免　　B 逃避　　C 想象　　D 重视

60. A 相信别人的建议　　B 多学习各种知识
C 事先做好准备工作　　D 换个角度反方向思考

第二部分

第 61—70 题：请选出与试题内容一致的一项。

61. 仰韶文化是黄河中游地区重要的新石器时代文化，于 1921 年在河南的仰韶村被发现。仰韶文化的持续时间大约在公元前 5000 年至公元前 3000 年，分布很广。当前在中国已发现上千处仰韶文化的遗址，其中以陕西省为最多，共计 2040 处，占全国的仰韶文化遗址数量的 40%，是仰韶文化的中心。

A 仰韶村是仰韶文化的中心
B 仰韶文化是黄河地区的文化
C 仰韶文化分布在河南仰韶村
D 全国发现了几千处仰韶文化遗址

62. 在很多国家，暴雨是降水强度很大的雨，一般指每小时降雨量 16 毫米以上，或连续 12 小时降雨量 30 毫米以上、连续 24 小时降雨量 50 毫米以上的降水。我国气象上规定，24 小时降水量为 50 毫米或以上的雨称为“暴雨”，按其降水强度大小又分为暴雨、大暴雨、特大暴雨三个等级。

A 暴雨持续的时间一般很长
B 暴雨的分级标准是降水强度
C 我国的暴雨标准和一般的不同
D 暴雨就是降雨量 16 毫米以上的雨

63. 越剧是中国汉族五大戏曲种类之一，是目前中国第二大剧种。越剧长于抒情，以唱为主，多为“才子佳人”题材，主要流行于浙江、上海、江苏、福建等江南地区，全盛时期除西藏、广东、广西等少数省、自治区外，全国都有专业剧团存在，在海外亦有很高的声誉和广泛的群众基础。

A 越剧剧团遍布全国
B 越剧发展到了海外
C 广东、广西等地区不流行越剧
D 越剧是中国五大戏曲种类之一

64. 砚台与笔、墨、纸是中国传统的文房四宝，是中国书法的必备用具。砚台不仅是文房用具，而且由于其性质坚固，能传百世而完好，被历代文人作为珍玩藏品。砚台的材料丰富多样，最早出现的砚台是石砚，唐代出现了端石和歙石两大砚材，明清时期的材质更加丰富，出现了铁砚、玉砚、象牙砚、竹砚等等。

A 砚台是传统的文房四宝

B 砚台最早是唐代出现的

C 明清时期的砚台材质比唐代丰富

D 文人收藏砚台是因为需要书法用具

65. 远古时期，神农架林区还是一片海洋，经燕山和喜马拉雅山的运动逐渐提升成为多级陆地，并形成了神农架群。神农架平均高度 1700 米，山峰多在 1500 米以上，其中高度 3000 米以上的山峰有 6 座，2500 米以上山峰 20 多座，最高的神农顶为 3105.4 米，成为华中第一峰，神农架因此有“华中屋脊”之称。

A 神农架地区有海洋

B 神农顶是华中地区最高的

C 神农顶被称为“华中屋脊”

D 神农架山峰都在 1500 米以上

66. 曾国藩是中国历史上最有影响的人物之一。在曾国藩的倡议下，建造了中国第一艘轮船，建立了第一所兵工学校，印刷翻译了第一批西方书籍，安排了第一批去美国的留学生。有的评论者说：“如果以人物断代的话，曾国藩是中国古代历史上的最后一人，近代历史上的第一人”。

A 曾国藩在兵工学校工作

B 曾国藩参与翻译了西方书籍

C 曾国藩是第一批美国留学生

D 曾国藩在中国历史上很有影响

67. 单反，就是指单镜头反光，这是当今最流行的取景系统，大多数 35mm 照相机都采用这种取景器。该系统的心脏是一块活动的反光镜，这种系统的独到设计能使观景窗中所看到的影像和胶片上永远一样，它的取景范围和实际拍摄范围基本上一致，消除了视差现象。

A 35mm 的照相机都用单反

B 单反是当今最流行的照相机

C 活动的反光镜是系统最重要的部分

D 单反相机的取景范围和拍摄范围一致

68. 一对夫妻有两个女儿，一个六岁，另一个四岁。她们睡觉时总是不好好睡，妻子为此向丈夫抱怨。丈夫很爱唱歌，他认为，如果在睡觉时唱歌给孩子们听，将帮助她们入睡。于是，他每个周末的晚上都这么做，直到有一次他听到姐姐小声对妹妹说："如果你假装睡着了，他就会闭嘴了！"

A 爸爸觉得给孩子唱歌能帮她们入睡

B 孩子们很喜欢听爸爸唱歌

C 妈妈希望孩子早点儿睡觉

D 孩子们听着爸爸的歌睡着了

69.《六韬》是中国古代的一部著名兵书，又称《太公六韬》、《太公兵法》，普遍认为是后人借周朝姜尚之名所写，现在一般认为此书成于战国时代。1972 年 4 月，在山东西汉古墓中，发现了大批竹简，其中就有《六韬》的五十多枚，这就证明《六韬》至少在西汉时已广泛流传了。

A《六韬》有多种名称

B《六韬》在战国时广泛流传

C《六韬》是周朝姜尚写的

D《六韬》是战国时代写成的

70. 7月13日,《财富》中文网发布年度中国企业500强排行榜,国内三大电信运营商均进入前20位,其中,中国移动位列第三,中国电信列第14位,中国联通则位居第19位。与上年相比,本次榜单的入围营业收入提高了12亿元,有45家公司首次上榜。今年,中国500强总收入达18.9万亿,比去年增长了38%,占中国GDP的47%。

A 企业500强中有45家公司营业收入超过12亿元

B 这次进入排行榜的要求比去年高

C《财富》杂志发布了中国企业500强排行榜

D 国内电信运营商都进入了500强排行榜

第三部分

第71—90题：请选出正确答案。

71—75.

在一个孩子的成长过程中，接受鼓励、产生自信心是非常重要的成长内容，是父母应该时刻关注的步骤。没有自信的孩子很容易放弃任何努力，表现出自己是无用的，而且有时还故意做出反其道而行之的事情。这样做的原因是他认为自己是无能的，不能做出任何有意义的贡献，是没有价值的，那么还不如做些恼人的具体事情来引起别人的注意。父母不问青红皂白地随意批评孩子，是最容易让孩子的自尊心和自信心受到伤害的。鼓励是一个不断进行的过程，这一过程的主要目的就是能让孩子得到一种自我满足，即自尊感和成功感。

71. 根据本文内容，孩子在成长过程中什么很重要？

A 是否相信自己　　B 有一颗善良的心

C 能不能认真学习　　D 一个好的家庭环境

72. 文中“反其道而行之”的事情是指：

A 老师吩咐的　　B 自己认为对的

C 朋友请求帮忙的　　D 与父母意思相反的

73. 作者认为孩子故意做出让父母生气的事情是因为：

A 父母没有时间陪伴孩子　　B 孩子对自己失去了信心

C 孩子希望父母表扬自己　　D 感觉这样做很有成就感

74. 鼓励孩子的目的是让孩子：

A 觉得自己很棒　　B 可以更加听话

C 迅速提高学习成绩　　D 能够遵守学校纪律

75. 这段话主要是想告诉我们：

A 怎样教育不听话的孩子　　B 如何养成良好的学习习惯

C 父母是孩子的第一任老师　　D 鼓励对孩子成长的重要性

76—80.

一对住在乡下的父子，带着家里的一匹马要到城里去卖。一开始父子俩牵着这匹马一起走路。走着走着，就听到有人说："哈哈！你看，这里有两个大傻瓜，有马不骑，竟然在那里走路。"父子俩听了觉得很有道理，爸爸就叫儿子骑着马，自己走路。走着走着，又听到人家说了："你看你看，这个孩子太不孝顺了，竟然自己骑马，叫父亲走路。"于是，他们就换过来，这次换爸爸骑马，儿子走路。走着走着，又听到人家说了："天啊！竟然有这样的父亲，自己骑着马享受，却叫儿子走路。"父子俩听了，觉得很为难，不知怎么办才好。想了好久，终于想到一个好办法。这个好办法就是，两个人一起骑着马进城。他们想这一次一定没有问题了。两个人就很放心地骑着马。走着走着，又有人说话了："你看你看，这两个人真可恶，两个人加起来那么重，竟然骑一匹瘦马，真是不像话。"父子俩听了，赶紧下来，不知该怎么做才好。

76. 父子俩要去：

A 郊外　　B 市场

C 乡下　　D 朋友家

77. 第一个人：

A 不太聪明　　B 想去卖马

C 在笑话他们　　D 很喜欢动物

78. 第三个人批评他们什么？

A 他们俩很笨　　B 儿子不孝顺

C 父亲不疼儿子　　D 他们不爱护动物

79. 父子俩想到一个什么好主意？

A 把马送回家　　B 再卖一匹马

C 都骑在马上　　D 一起抬着马

80. 关于这父子俩，下列正确的是：

A 都非常聪明　　B 不受别人影响

C 很懂得尊重别人　　D 没有自己的主张

81—85.

战国时，赵国有个人叫赵虎。他家里老鼠成灾，不仅粮食被白白吃掉了不少，而且衣服、家具也都被咬坏了。全家人十分着急，赵虎便四处寻找抓老鼠的猫，常常对人说："只要能够抓到老鼠，什么样的猫都行！"

过了不久，在大家的帮助下，赵虎从中山国买了一只大花猫。大花猫一到赵家，就把老鼠追得到处乱跑。没几天，赵家就不见老鼠了。但是，这只大花猫不仅善于抓老鼠，同时也很喜欢偷吃鸡。赵虎的儿子非常恼火，他几次要父亲把这只猫赶走。赵虎当然知道不能赶走猫，他给儿子解释说："这个道理你还不明白吗？我们家的重要祸患是老鼠，而不在于没有鸡。家中要有了老鼠，就会偷吃我们的粮食，咬坏我们的衣服，打穿我们的墙壁，破坏我们的家具，我们就要没有东西吃，也没有衣服穿。这些损失，不是比没有鸡更坏十倍吗？而没有鸡，只不过不吃鸡而已，但我们的粮食、衣服都还在啊，所以，我们怎么能把猫赶走呢？"儿子听了父亲的话，觉得很有道理，也就不再说要把猫赶走了。在这个故事里，赵虎买的猫，有善抓老鼠的长处，又有偷吃鸡的短处。这两个方面对赵家来说，老鼠之害肯定要比没有鸡的结果更坏。因此，赵虎认为这只猫是功大于过，养猫是好处大于坏处，所以要将有"缺点"的猫继续养在家中。

81. 赵虎家人着急是因为：

A 喂的鸡没有了　　B 家里老鼠太多

C 没有粮食吃了　　D 找不到听话的猫

82. 赵虎的儿子为什么要把猫赶走？

A 他不喜欢猫　　B 猫身上太脏

C 猫抓伤了人　　D 鸡被猫吃了

83. 可以代替文中第二段"祸患"的词语是：

A 不幸　　B 灾害

C 悲剧　　D 痛苦

84. 赵虎认为：

A 这只猫值不少钱　　B 除掉老鼠比较重要

C 已经和猫有了感情　　D 马上要把猫给别人

85. 通过这个故事，我们明白了什么道理？

A 看待事情要全面　　B 乐观心态很重要

C 要学会控制情绪　　D 要有一颗善良的心

86—90.

复试开始了，据说负责主持复试的是总经理。

考试是单独面试。

小王一走进小会客厅，坐在正中沙发上的一位先生便站了起来，他认出来此人正是总经理。

"是你？！你是……"总经理准确说出了小王的名字，并且快步走到他面前，紧紧握住了他的双手。

"原来是你！我找了你很长时间了。"总经理一脸的惊喜，转过身对在座的另外几个人嚷道："向你们介绍一下，这位就是救过我女儿的那位年轻人。"

小王的心狂跳起来，还没有容他说话，总经理把他一把拉到旁边的沙发上坐了下来，说道："我划船的技术太差了，让女儿掉进了湖中，要不是你就麻烦了。真抱歉，我当时只顾看我女儿了，也没有来得及向你道谢。"

小王极力控制了一下自己激动的心情，说道："很抱歉，总经理。我以前从未见过您，更没有救过您的女儿。"

总经理又一把拉住他："怎么？你忘了？4 月 2 日，在昆明湖公园……肯定是你！年轻人，你骗不了我的。"总经理一脸的得意。

小王站起来："总经理，我想您肯定弄错了。我没有救过您的女儿。"

小王说得很坚决，总经理一时不说话了。忽然，他又笑了："年轻人，我很欣赏你。我决定，免试了。"

诚实是一切美德的根本。要获得别人的信任与重视，你首先要做到诚实。想骗别人的人，最终被骗的是自己。

86. 总经理见到小王后很：

A 生气　　B 激动

C 委屈　　D 后悔

87. 总经理认为小王：

A 非常有才华　　B 游泳技术特别好

C 救了自己的孩子　　D 很适合自己的女儿

88. 面对总经理的感谢，小王：

A 非常得意　　B 否认了他的说法

C 希望得到好职位　　D 认为那是自己该做的

89. 总经理欣赏小王的什么？

A 谦虚　　B 诚实

C 能力　　D 善良

90. 小王最终：

A 得到了这份工作　　B 承认了这件事情

C 去了另外一家公司　　D 成了公司的总经理

三、书　写

第一部分

第 91—98 题：完成句子。

例如：发表　　这篇论文　　什么时候　　是　　的

<u>这篇论文是什么时候发表的？</u>

91. 出事地点　　赶到　　立即　　记者们　　了

92. 在　　总共　　300 元　　消费了　　这家饭店　　他们

93. 紧张的情绪　　有助于　　听音乐　　缓解　　经常

94. 销售经理　　来应聘　　这个职位　　我　　是　　的

95. 喝浓茶　　不要　　最好　　睡前

96. 空调　　把　　已经　　工人　　安装好了

97. 更加亲密　　父母与子女　　会　　经常沟通　　让

98. 挂着　　的　　墙上　　牌子　　禁止拍照

第二部分

第 99—100 题：写短文。

99. 请结合下列词语（要全部使用），写一篇 80 字左右的短文。

观念　　冠军　　鼓舞　　伟大　　稳定

100. 请结合这张图片写一篇 80 字左右的短文。

答案

一、听力

第一部分

1. C	2. A	3. C	4. B	5. D
6. D	7. B	8. C	9. A	10. C
11. D	12. D	13. D	14. B	15. A
16. A	17. A	18. D	19. B	20. C

第二部分

21. C	22. A	23. A	24. B	25. D
26. B	27. A	28. D	29. C	30. C
31. C	32. B	33. C	34. C	35. A
36. D	37. C	38. C	39. D	40. A
41. D	42. C	43. C	44. D	45. B

二、阅读

第一部分

46. D	47. A	48. D	49. C	50. B
51. A	52. D	53. D	54. A	55. B
56. A	57. C	58. B	59. A	60. D

第二部分

61. D	62. C	63. B	64. C	65. B
66. D	67. C	68. A	69. A	70. B

第三部分

71. A	72. D	73. B	74. A	75. D
76. B	77. C	78. C	79. C	80. D
81. B	82. D	83. B	84. B	85. A
86. B	87. C	88. B	89. B	90. A

三、书　写

第一部分

91. 记者们立即赶到了出事地点。
92. 他们在这家饭店总共消费了 300 元。
    在这家饭店，他们总共消费了 300 元。
93. 经常听音乐有助于缓解紧张的情绪。
94. 我是来应聘销售经理这个职位的。
    来应聘销售经理这个职位的是我。
95. 睡前最好不要喝浓茶。
96. 工人已经把空调安装好了。
97. 经常沟通会让父母与子女更加亲密。
98. 墙上挂着禁止拍照的牌子。

第二部分

（参考答案）

99. 在很多人的观念中，亚洲人并不适合篮球这种运动。但是姚明在 NBA 的成功给了我们很大的鼓舞。虽然他没有拿到过冠军，但是发挥得一直很稳定，这都是他努力训练的结果，他称得上是一位伟大的球星。
100. 图片中的男士和女士都穿着正装，我想他们也许是在公司会议室里开销售会议呢。前面的黑板上是一幅世界地图，地图上那个向上的黑色箭头也许表示他们公司今年的全球销售额有了大幅的提升，这是他们辛勤工作的结果。

听力材料及听力部分题解

（音乐，30 秒，渐弱）

大家好！欢迎参加 HSK（五级）考试。
大家好！欢迎参加 HSK（五级）考试。
大家好！欢迎参加 HSK（五级）考试。

HSK（五级）听力考试分两部分，共 45 题。
请大家注意，听力考试现在开始。

第一部分

第 1 到 20 题：请选出正确答案。现在开始第 1 题：

1.

女：你等会儿去超市的时候顺便帮我再买两块肥皂回来，还有一盒牙膏。
男：我只负责去买菜，牙膏和肥皂还是你自己去买吧，我又不知道你要哪种牌子的。
问：女的让男的帮自己买什么？

A 药品　　B 食品
C 日用品　　D 化妆品

【题解】根据“再买两块肥皂回来，还有一盒牙膏”可以很明显地看出女的让男的买的是什么东西，其中 A 和 B 两项可以直接排除掉，在“日用品”和“化妆品”中，考生要了解这两种东西是属于前者。正确答案是 C。

2.

男：我发现，现在有些动画片的语言对于孩子来说不太健康，不利于小孩子的成长。
女：是啊，前几天我在报纸上还看到过一篇报道，批评现在的一些动画片呢。
问：女的主要是什么意思？

A 赞成男的的看法
B 有些报道不真实
C 电视台不负责任
D 现在很想看报纸

【题解】根据“是啊”可以知道，女的和男的看法一致，而且进一步地用报纸上的报道来赞成男的的看法。正确答案是 A。

3.

男：王玲，明天就该出发了吧？真是羡慕你。
女：你最近的销售成绩也很不错啊，听说年底是安排优秀员工出国旅游，比我们这次休的时间更长，到时候别人也该羡慕你了。
问：女的明天去干什么？

A 出差　B 开会　**C 休假**　D 结婚

【题解】根据“听说年底是安排优秀员工出国旅游，比我们这次休的时间更长”可以知道，女的这次是因为工作优秀而去休假。正确选项是C。

4.

女：小王，你昨天晚上是在办公室里睡的？又加班了吗？
男：我那位因为一点儿小事跟我闹起来了，我不想见她，就在办公室里过了一夜。
问：男的为什么在办公室里休息？

A 工作到特别晚

B 和太太生气了

C 妻子昨天不在家

D 丢了家里的钥匙

【题解】一般中国人会把自己的妻子或是丈夫称呼成“我们家那位”，“闹起来”有吵架的意思，因此根据“我那位因为一点儿小事跟我闹起来”可以知道正确答案是B。

5.

女：好长时间没见你了，最近在忙什么？还每星期去上那个会计培训班？
男：我的会计资格证都拿到手了，我现在在学开车呢，想考个驾驶证，然后买辆车，省得我天天来回挤公共汽车了。
问：男的下一步打算干什么？

A 考会计证　　B 上培训班

C 学习开车　　**D 自己买车**

【题解】在听力材料中提到了“上会计培训班”、“学开车”、“考个驾驶证”、“买辆车”，按照时间顺序，会计培训班已经结束了，现在在学开车，然后买车，可以知道男的下一步打算买车。正确答案是D。

6.

女：今天面试的结果怎么样？
男：我自己感觉还不错，但是另外一个应聘者也很优秀，结果大概要到三天之后才能知道。
问：关于男的，可以知道什么？

A 现在十分高兴

B 觉得自己很优秀

C 有很多竞争对手

D 在等待面试结果

【题解】听力材料中提到了"面试的结果怎么样"、"结果大概要到三天之后才能知道",由此可知,男的今天刚刚参加了面试,现在在等待面试结果。正确答案是D。

7.

男:小王和上海那家公司接触有一个星期了,现在谈得怎么样?
女:基本上可以定下来,但他们要求咱们先付一半的货款过去,小王现在还在和他们谈。
问:小王现在在和对方谈什么?

A 运输费用　　**B 付款方式**
C 人员结构　　D 产品价格

【题解】一般来说,"运输费用"、"付款方式"、"产品价格"都在和其他公司谈生意的范围内,但听力材料中"他们要求咱们先付一半的货款过去,小王现在还在和他们谈"这句话说明,小王现在在和他们谈货款怎么付的问题,所以正确答案是B。

8.

女:第一次上公开课,你表现得不错啊。
男:实际上,我讲课的时候都没敢看下面的人,就怕我准备的内容讲不完。
问:男的上课时是什么样的心情?

A 兴奋　B 激动　**C 紧张**　D 着急

【题解】"我讲课的时候都没敢看下面的人",充分说明了男的的紧张心情,正确答案是C。

9.

女:我还是回我办公室给你打这份文件吧,你电脑上的输入法和我用的不一样,我用这个机子打得太慢。
男:那也行,反正下午上班前打好交给小王就行了。
问:女的为什么想回自己的办公室?

A 用不惯男的的电脑
B 男的的电脑反应慢
C 自己办公室里有人
D 想重新下载输入法

【题解】根据"你电脑上的输入法和我用的不一样,我用这个机子打得太慢"可以知道,女的在用男的的电脑打文件,不存在电脑反应慢的问题,是因为不习惯电脑的输入方式。正确答案是A。

10.

女:不是说了让你和小张一起来吃饭吗?怎么就你一个人来了?
男:他家里有急事找他,走到半路又回去了。
问:小张为什么没去吃饭?

A 想回家吃饭　　B 工作非常忙

C 临时有事情　　D 另外有约会

【题解】"他家里有急事找他，走到半路又回去了"说明小张本来是打算去吃饭的，但因为临时家里有事，走到半路又回去了。正确答案是C。

11.

女：明天我得去参加同学聚会，而你又去出差，女儿怎么办啊？
男：实在不行的话，我打电话让妈妈放学时去接她，晚上就在妈妈那边过一夜。
问：男的是怎么打算的？

A 自己不去出差　B 女的取消约会
C 找朋友接女儿　**D 请母亲照顾孩子**

【题解】根据"我打电话让妈妈放学时去接她"可以知道，男的想请母亲帮自己去接孩子，并让孩子在母亲家过夜。正确答案是D。

12.

女：说好六点钟我在楼下等你，你怎么弄到现在才来？打你手机也不接。
男：我去超市买了两瓶你爸喜欢喝的酒，又到花店买了鲜花，第一次见你爸爸妈妈，总不能空着手吧。
问：男的为什么来晚了？

A 去见了女的的父母
B 忘记了约好的时间
C 去为女的买鲜花了
D 在准备送人的礼物

【题解】根据"第一次见你爸爸妈妈"可以知道，男的是第一次去女的家，他去买了些礼物准备送给女的的父母。在此要注意，男的买的酒和鲜花，是送给女的的父母，并不是准备送给女的，所以C是错误的。正确答案是D。

13.

男：你今天买的这件衣服还不错，挺漂亮的，得五百多块钱吧？
女：原价六百七，不过我是七折买的。
问：女的花了多少钱买这件衣服？

A 七百多　　B 六百多
C 五百多　　**D 四百多**

【题解】数字题首先要弄清听力材料中出现的各种数字之间的关系，才能算出正确答案。如本题中"五百多"只是男的的猜测，真正重要的数字是"原价六百七，不过我是七折买的"，六百七的七折是四百六十九。正确答案是D。

14.

女：这个小王真是的，我就怕他今天会迟到，还反复和他强调了好几次这次会议的重要性，结果呢，他到现在还是没来！

男：要不让张丽和你一起去吧，我刚才打过电话了，小王还在路上呢，说是遇到了堵车。
问：女的是什么语气？

A 伤心 **B 生气** C 吃惊 D 兴奋

【题解】“强调了会议的重要性”、“到现在还没来”说明女的要和小王去参加一个很重要的会议，但小王一直没来，“真是的”是责备的语气，表示女的很生气。正确答案是B。

15.

男：昨天给你的那份报告你看了没有？有没有交给经理？
女：我早上看了一下，总体来说还不错，就是市场调查那部分写得不够详细，你再修改一下，下午我再交给经理。
问：女的主要是什么意思？

A 报告还需要修改
B 下午要去公司
C 经理觉得写得不好
D 自己去做市场调查

【题解】“你再修改一下，下午我再交给经理”说明女的还没有把报告交给经理，原因是她觉得报告还需要修改，由此可知，女的主要的意思是报告需要修改。正确答案是A。

16.

女：小李，你怎么来公司了？你老婆生了没有？
男：医生说可能要到明天才能生，刚才经理打电话要上个月的调查报告，我给他送过来，然后再回医院。
问：关于男的，可以知道什么？

A 要当爸爸了 B 是一名医生
C 来公司请假 D 身体不舒服

【题解】根据“你老婆生了没有”、“医生说可能要到明天才能生”可以知道，男的妻子即将要生宝宝，男的要当爸爸了。正确答案是A。

17.

男：小王，你这蛋糕是在哪儿买的？味道真不错。
女：这是我自己做的，因为我女儿喜欢，我不忙的时候就在家里自己学着做。
问：关于女的，下列哪项正确？

A 她孩子爱吃蛋糕
B 她感觉非常无聊
C 打算开家蛋糕店
D 准备去学做蛋糕

【题解】“因为我女儿喜欢”意思是说女儿喜欢吃蛋糕。男的吃的蛋糕就是女的做的，因此D不对。正确答案是A。

18.

女：小张怎么了？一脸的不高兴。
男：他认为做得很好的那份计划被经理给退回来了，嫌他做得不够详细，让他重新做。
问：小张为什么不开心？

A 与同事有矛盾　　B 和太太生气了
C 工作量太大了　　**D 工作受到否定**

【题解】根据“计划被经理给退回来了，嫌他做得不够详细”可以知道，小张的工作没有得到领导的认可，所以情绪受到了影响。正确答案是D。

19.

男：怎么你今天不用去接孩子了？
女：学校改时间了，比原来推迟了二十分钟，这样咱们四点半下班，我十分钟到学校，正好赶上儿子放学。
问：学校原来是几点放学？

A 四点　　**B 四点二十**
C 四点四十　　D 五点

【题解】这是一道时间题，其中“四点半下班，我十分钟到学校，正好赶上儿子放学”说明现在是四点四十放学，而这个时间“比原来推迟了二十分钟”，那么再提前二十分钟的话，可以知道四点二十是原来的放学时间。正确答案是B。

20.

男：都这个时间了，不一定能在明珠饭店定到桌子，要不中午就在公司旁边那家海鲜城庆祝一下？
女：我看算了吧，那儿的东西不太干净，上次吃得好几个同事都肚子疼，实在不行就等晚上再去明珠饭店，你现在打电话预定一下。
问：女的为什么不愿去海鲜城？

A 她吃海鲜过敏　　B 那儿价格太贵
C 卫生条件不好　　D 服务态度很差

【题解】根据“那儿的东西不太干净”可以知道，女的不愿去海鲜城是因为那儿的卫生条件不好，害得同事生病。正确答案是C。

第二部分

第 21 到 45 题：请选出正确答案。现在开始第 21 题：

21.

男：去旅游的事情你和李明说了没有？他去不去啊？

女：我没和他说。

男：咱们部门的人差不多都去，至少得问问他想不想去啊。

女：他奶奶前几天才刚刚去世，我觉得这种时候和他说去旅游的事情不太合适。

问：关于女的，可以知道什么？

A 现在心情不好

B 打算去看李明

C 考虑事情很周到

D 忘了征求李明的意见

【题解】根据"我觉得这种时候和他说去旅游的事情不太合适"可以知道，女的并不是忘了问李明的意见，而是考虑到了他的心情，想得非常周到，正确答案是 C。

22.

男：妈妈现在怎么样了？

女：你不是说公司今天有个重要会议吗？怎么到这儿来了？

男：上海那边出了点儿事情，会议推迟到下个星期，我在机场接到姐姐的电话，说妈妈晕倒了，就赶过来了。现在情况怎么样？

女：妈妈在检查室，要等一会儿才能知道结果。

问：男的赶到哪儿了？

A 医院　B 机场　C 家里　D 公司

【题解】这道题里面出现了好几个跟地点有关的词："机场"、"公司"、"检查室"，其中"检查室"跟医院有关，由此可以推断，女的在医院等妈妈的检查结果，而男的"赶过来了"，所以他也是在医院。正确答案是 A。

23.

男：快下班了吧？我买了六点半的电影票，等你下班，咱们去看电影。

女：你已经买票了？我今天要加班，得到七点多才能结束呢。

男：要不，我把票让给别人，咱们看八点半的那场？

问：男的买了几点的电影票？

A 六点三十分　B 七点

C 七点三十分　D 八点半

【题解】这一题中出现了"六点半"、"七点多"、"八点半"三个时间，根据听力材料中"我买了六点半的电影票"可以知道，男的买的电影票是六点三十分的，其余的都是干扰项。正确答案是 A。

24.

女：刚才在公司楼下找你的是谁啊？
男：我姐姐，我叔叔的女儿。
女：不会吧？她看起来像你妹妹。
男：好多人都这么说，实际上她比我大四岁呢。
问：关于男的姐姐，可以知道什么？

A 长得非常漂亮　**B 看起来很年轻**
C 和男的是同事　D 上个月刚结婚

【题解】根据“她看起来像你妹妹”、“实际上她比我大四岁”，可以知道，男的的姐姐比他大四岁，但看起来像他的妹妹，这说明他姐姐看起来非常年轻。正确答案是B。

25.

女：这退烧药要怎么吃？
男：如果晚上他再发烧的话，就给他吃半片，如果体温能保持这样就不要吃了。
女：刚才在医院已经打过针了，烧应该会退下去吧。
男：谁知道呢，你明天还要上班，先睡觉吧，我来看着他就行了。
问：女的现在在哪儿？

A 药店　B 医院　C 公司　**D 家里**

【题解】根据“刚才在医院已经打过针了”可以知道，女的现在已经从医院回来了，“你明天还要上班，先睡觉吧”说明她最可能是在家里。正确答案是D。

26.

男：今天可真热啊！
女：电视里说今天最高有三十三度呢。
男：我记得去年的这个时候咱们去杭州旅游，我还穿着外套呢。
女：前几天才看了关于全球变暖的新闻，现在天气越来越热了。
问：他们主要在谈论什么？

A 衣服的流行款式
B 天气的温度变化
C 旅游的地点路线
D 世界的发展方向

【题解】根据听力材料中“可真热”、“最高有三十三度”、“现在天气越来越热了”，可以知道，他们谈论天气温度的变化。正确答案是B。

27.

女：先生，您可真会选衣服，您拿的这件是今年最流行的款式。
男：还有其他颜色的吗？
女：这种红色很漂亮啊，显得人皮肤很白，而且，这种棉布夏天穿起来是非常舒服的。
男：我还是再看看吧。
问：关于这件衣服，可以知道什么？

A 是用棉布做的　B 价格比较便宜
C 有很多种颜色　D 还有最后一件

【题解】听力材料中男的问“还有其他颜

色的吗”，女的没有做正面回答，只是推荐“这种红色很漂亮”，说明这件衣服可能没有其他颜色了。“这种棉布夏天穿起来是非常舒服的”说明这件衣服的材质是棉布。正确答案是A。

28.

男：我今天又被老师请到学校去了。
女：儿子又出什么事了？
男：我上午正开会呢，他们老师打电话过来让我去学校，他和人家打架，把人家的鼻子打流血了。
女：我真受不了这孩子了，等他放学回来，一定得好好教育他一下才行。
问：女的现在在什么地方？

A 公司　B 学校　C 医院　**D 家里**

【题解】根据“等他放学回来”可以知道，孩子放学是要回家的，而女的此时应该是在家里才能说“回来”，所以正确答案是D。

29.

男：现在感觉怎么样？紧张吗？
女：可能是之前老师给我们的压力一直太大，现在高考真就在面前，反而不像原来那样紧张了。
男：这样就好，用平常的心态来面对这次考试，发挥出自己真正的水平就可以了，不用去想结果。
女：爸，我知道。
问：男的主要是什么意思？

A 自己现在很紧张
B 女的的成绩很好
C 希望女的放轻松
D 现在想知道结果

【题解】听力材料中男的安慰女的“用平常的心态”、“不用去想结果”，这些都说明男的希望女的可以放轻松、没有压力地去参加高考，正确答案是C。

30.

男：今天也不知道是怎么了，老是觉得胃疼。
女：是昨天晚上和你那些朋友一起喝酒喝多了吧？
男：我昨天晚上开车去的，根本就没敢喝酒，我觉得可能是昨天晚上睡觉时没有关窗户，冻着了。
女：你的胃一受凉就会难受，自己还不注意一点儿。
问：男的现在怎么了？

A 喝醉了　　B 吃多了
C 着凉了　　D 感觉很冷

【题解】听力材料中男的说“可能是昨天晚上睡觉时没有关窗户，冻着了”，说明他昨天晚上睡觉时不注意，着凉了。正确答案是C。

第 31 到 32 题是根据下面一段对话：

女：看到你们这些照片，我就生气。
男：还在为你老公不让你参加这次活动不高兴啊？
女：早知道就不告诉他活动内容了，我一直都想尝试一下这种高空冒险的项目，感觉一定很刺激，可他偏偏不让我去。
男：他也是关心你啊，你的心脏不是不太好吗？
女：其实我身体没事，上次感觉心里难受是因为我那段时间一直在减肥，长时间不好好吃饭，当然会很难受。
男：你又没告诉他真正的原因。
女：其实就是知道原因，他也不会让我去的，他会担心那些设备是不是安全，保护措施是不是到位什么的。
男：你老公一直是个很小心的人。

31. 问：女的想干什么？

A 拍照片　　B 去旅游

C 参加活动　　D 认真减肥

【题解】根据“早知道就不告诉他活动内容了”、“他偏偏不让我去”可以知道，女的十分想参加这次活动。正确答案是 C。

32. 关于女的老公，可以知道什么？

A 非常浪漫　　**B 十分谨慎**

C 很爱干净　　D 脾气很大

【题解】根据“你老公一直是个很小心的人”、“他会担心那些设备是不是安全，保护措施是不是到位”可以知道，女的老公对于安全问题考虑得很多，是个很谨慎的人。正确答案是 B。

第 33 到 34 题根据下面一段对话：

女：你这大忙人，今天怎么有时间约我出来喝咖啡？
男：是这样的，我们公司现在到了生产淡季，老总打算让员工分批出去旅游，减轻一下压力，你们旅行社现在有什么好的路线没有？
女：这要看你们准备花多少钱了。
男：太远的地方不行，公司这么多人，这笔费用太大。
女：稍微近一点儿的，可以去杭州、苏州、上海这些地方。
男：我们这么多人报名，价格上可以优惠一点儿吧？
女：可以给你们按照团队价算，要不等我回去再和经理说一下，看能不能再给你们打个八折。
男：好，那一切交给你了，事情办好后我请你吃饭。

33. 问：他们现在可能在哪儿？

A 饭店　　B 公司

C 咖啡馆　　D 旅行社

【题解】“今天怎么有时间约我出来喝咖啡”，说明他们现在可能在咖啡馆里。正确答案是 C。

34. 男的为什么不想去太远的地方？

A 担心路上不安全

B 要用的时间太多

C 会花掉太多的钱

D 那边的风景不好

【题解】根据听力材料中“太远的地方不行，公司这么多人，这笔费用太大”可以知道，男的认为太远的地方花费太大，正确答案是C。

第35到36题是根据下面一段话：

> 有一位学者当了皇帝的图书管理员。
>
> 一天，有人故意出了一道根本没有答案的题目让他回答，他答道：“我不会。”
>
> “可是皇上是根据您的学识，才给您工资的呀。”那个人不怀好意地说。
>
> “说得没错，皇上给我工资的标准是按我所懂的东西的多少来判断的，如果按我不懂的东西给我工资，皇帝的全部财宝也不够支付我。”学者答道。

35. 给学者出题的那个人的目的是什么？

A 想故意为难学者

B 请学者给自己讲解

C 准备和学者交朋友

D 想知道学者的工资情况

【题解】根据听力材料中“故意出了一道根本没有答案的题目”、“那个人不怀好意地说”可以知道，这个人是想故意为难学者，让学者出丑。正确答案是A。

36. 根据短文内容，用下面哪个词来形容学者比较合适？

A 浪漫　　B 害羞

C 刻苦　　**D 谦虚**

【题解】听力材料中学者说“如果按我不懂的东西给我工资，皇帝的全部财宝也不够支付我”，大家都知道皇帝的财宝是非常多的，学者这么说的意思是指自己不懂的东西比皇帝的财宝还要多，这说明他是个非常谦虚的人。正确答案是D。

第37到40题是根据下面一段话：

> 美籍华人物理学家钱致榕来华时谈起他中学时代的一段经历。那时很多学生考试爱抄别人的答案，不求上进。一位责任心很强的老师就从300个学生中挑选出60人组成了荣誉班。钱致榕也在其中。当时老师明确宣布，他们是因为有发展前途才被挑选出来的。对此，这些人很高兴，认真学习，后来大多成了才。后来，钱教授遇到那位老师时，才知道这60位学生是随意抽签决定的。这件事说明，由于学生被告知他们是很有发展前途的才被选了出来，使这些学生产生了强烈的自信心，因此自尊、

自爱、自强而终于成才。由此可见，自信心是学生走向成才之路的第一步。

37. 关于钱致榕所在学校的学生，下列哪项正确？

A 很有责任心　　B 非常有自信

C 不好好学习　　D 大多成了才

【题解】根据“很多学生考试爱抄别人的答案，不求上进”可以知道，那所学校的学生很多不好好学习，考试时不会，爱抄别人的答案。正确答案是 C。

38. 老师和荣誉班的人说了什么？

A 以后的学习计划

B 工作压力非常大

C 相信他们会成才

D 马上要准备考试

【题解】听力材料中老师对荣誉班的学生说“是因为他们有发展前途才被挑选出来的”，“有发展前途”也就是以后会成为人才的意思，正确答案是 C。

39. 关于荣誉班的成员，正确的一项是什么？

A 都是非常聪明的

B 经过考试选出的

C 老师认真挑选的

D 任意选择决定的

【题解】根据“这六十位学生是随意抽签决定的”可以知道，成为荣誉班的成员，并没有经过认真挑选，而是随便选择的。正确答案是 D。

40. 这篇文章主要告诉我们什么？

A 自信心非常重要

B 要选择好的老师

C 在荣誉班才有前途

D 环境对人影响很大

【题解】通过荣誉班的学生的经历，我们知道“这些学生产生了强烈的自信心，因此自尊、自爱、自强而终于成才”，“自信心是学生走向成才之路的第一步”，一个人对自己有没有信心是非常重要的。正确答案是 A。

第 41 到 45 题是根据下面一段话：

有一个聪明人云集的组织，成员的智商都在 140 以上，是一个真正的顶级智商俱乐部。

有一次，几个会员来到一家小餐馆吃午餐。在吃饭过程中，他们发现，餐桌上一个标识着“盐”的瓶子里装的却是辣椒粉，而标识着“辣椒粉”的瓶子里装的却是盐。怎样在一点儿不洒的情况下，只借助餐馆现有的工具，将两瓶调料调换过来，成为大家面临的一个小小的挑战。他们自然不会害怕这个挑战，而是满怀欣喜和热情地接受了，因为，他们都很聪明。

几个人热烈地讨论着，想出了很多方法，最终，他们选定了一个最充满才气的解决方案，这个方案仅仅需要一张餐巾纸、一根吸管和两个空盘子就可解决问题。他们将服务员叫了过来，打算在她面前表演一下他们绝妙的解决办法：“小姐，餐桌上的盐和辣椒粉装反了。不过，我们已经为你想出了一个最好的解决方案。我们只需要你为我们拿来一张餐巾纸，一根吸管……”“对不起。”服务员没等会员们把话说完，拿起盐瓶和辣椒粉瓶，将上面分别写着“盐”和“辣椒粉”的瓶盖调换后，分别盖在了各自的瓶上。

41. 什么样的人可以加入这个组织？

A 收入丰厚　　B 餐厅经理

C 热爱美食　　**D 智商很高**

【题解】根据短文第一句话，只有聪明人才能参加这个组织，可见智商140应该是个很高的指标。正确答案是D。

42. 会员们在吃饭时发现了什么？

A 菜里没有放盐

B 有个更聪明的人

C 辣椒粉装错了瓶

D 服务员很有礼貌

【题解】根据“他们发现，餐桌上一个标识着‘盐’的瓶子里装的却是辣椒粉，而标识着‘辣椒粉’的瓶子里装的却是盐”可以知道，这个饭店的辣椒粉装在了盐瓶子里。正确答案是C。

43. 会员们需要用到几种东西来解决问题？

A 一种　B 两种　**C 三种**　D 四种

【题解】根据“这个方案仅仅需要一张餐巾纸、一根吸管和两个空盘子就可解决问题”可以知道，他们需要纸、吸管、盘子这三种东西。在此要注意的是，“两个空盘子”是一种东西，因此D是错误的，正确答案是C。

44. 服务员是怎么做的？

A 拿了两个新瓶子

B 把盐倒在餐巾纸上

C 重新写调味品标识

D 调换两个瓶的盖子

【题解】根据“拿起盐瓶和辣椒粉瓶，将上面分别写着‘盐’和‘辣椒粉’的瓶盖调换后，分别盖在了各自的瓶上”可以知道，服务员直接把两个瓶子上的盖子调换了一下。正确答案是D。

45. 会员们在看了服务员的做法后会有什么感受？

A 愤怒　**B 惭愧**　C 得意　D 安慰

【题解】会员们自认为自己是聪明人，在同一个问题上，却选择了比服务员复杂得多的解决办法，在他们看了服务员的做法后会认为自己的方法太笨，应该会感到惭愧。正确答案是B。

听力考试现在结束。

阅读部分题解

第一部分

第46—60题:请选出正确答案。

46—48.

> 一家规模很大的公司曾与外省的一家报社__46__举办过一次活动。活动结束后,负责发放礼品的一位女记者把剩下的三条领带交还给了公司。这件小事让公司总裁记忆__47__。
>
> 几年后,这家公司打开省外市场,计划组建一个分公司。招聘经理时,总裁首先想到的就是那位女记者。这位女记者后来成了经理,她也果真没让总裁__48__。

46. A 协调　B 独立　C 结合　**D 联合**

【题解】A项"协调"表示配合得适当;B项"独立"表示不依靠他人;C项"结合"表示人或事物之间发生密切联系;D项"联合"表示结合在一起,共同。根据短文,一家公司和一家报社举办活动,而且礼物是公司负责的,发放纪念品的是报社记者,可以知道他们是一种合作关系,首先排除B项。短文没有提到主次问题,而配合是有主有次的,A项不正确;C项"结合"只表示发生联系,D项"联合"表示共同,公司和报社是一起举办活动,分工不同,因此本题选择D项。

47. **A 深刻**　B 精彩　C 重要　D 宝贵

【题解】A项"深刻"表示达到事情或问题的本质,或者内心感受程度很深;B项"精彩"表示表演、展览、言论等出色;C项"重要"表示具有重大的意义、作用和影响;D项"宝贵"表示极有价值、非常难得。从语义上说,女记者不是表演,也没有说什么话,她做的只是一件小事,B项"精彩"不符合文意;对总裁来说,女记者和她做的事并不重要,C项不符合文意;既然总裁不觉得女记者重要,那么对她的记忆也没有特别的价值,D项不符合题意;几年以后,总裁还记得女记者,可以看出总裁记得很清楚,记忆很深,A项符合题意。从搭配上说,只有"记忆深刻"正确,本题选择A项。

48. A 痛苦　B 伤心　C 担心　**D 失望**

【题解】A项"痛苦"表示身体或精神感到非常难受;B项"伤心"表示由于遭受不幸或不如意的事而心里痛苦;C项"担心"表示因为忧虑而不安心、不放心;D项"失望"表示失去信心,希望没有成真。A项"痛苦"和B项"伤心"都可以表示心里难受,两个选项都可以排除。如果选择C项"果真没让总裁担心",看似正确,但文中并没提及总裁担心女记者的工作能力如何，总裁一定希望女记者能做好这个工作才请她当经理，因此D项“失望”比C项“担心”更符合题意。本题选择D项。

49—52.

有位中年人买了套房子，隔壁邻居是位老太太。为了___49___友好，他对老太太很客气，每天看到她总是主动朝她微笑、对她招手，可老太太的神情却总是冷冰冰的。

春天到了，家门前的花园里露出了红红绿绿的生机。那一天，中年人回家时不忍心___50___上那片绿色，便绕了点儿路。没想到刚上楼时，老太太就微笑着迎了上来，她的表现和话都让中年人感到___51___：“我整个冬天都在想，也有点儿担心，新来的邻居会是个什么样的人呢？”老太太顿了一下，接着说：“当我看到你___52___，我算了解了你，也知道我没什么好担心的了。”

原来，细节里处处有春天。

49. A 表达　B 表明　**C 表示**　D 表现

【题解】A 项“表达”一般是通过言语表示思想、感情；B 项“表明”强调表示清楚；C 项“表示”可以通过言语表达，也可以通过动作或神情显示出意思；D 项“表现”强调表示出来或故意显示自己。根据文章，中年人常常微笑、招手，这样做是为了让别人觉得友好，微笑、招手是神情和动作，因此C项“表示”最合适。

50. A 跳　**B 踩**　C 跑　D 走

【题解】根据文章，中年人回家时绕了点儿路，这样就不会伤害花园里的花草，本题选择B项“踩”。

51. **A 意外**　B 不满　C 同情　D 担心

【题解】以前，中年人不管微笑还是招手，老太太的神情总是冷冰冰的，但是这次老太太微笑了，还跟中年人说话了，这是中年人没有想到的，本题选择A项“意外”。

52. A 常跟我打招呼

B 工作认真负责

C 用心照顾父母

D 为了花草绕路

【题解】中年人每天跟老太太打招呼，老太太都没有反应，A项不是老太太不担心的原因。中年人在单位的表现和对父母的态度，老太太并不知道，B项和C项不正确；老太太开始跟中年人说话，是在中年人绕路以后，因此本题选择D项。

53—56.

一次，在一风景区，见一棵树长在一块大石头上，___53___，紧紧地抓住岁月落在石头上的一层薄薄的泥土。

“它怎么能活下来呢?”我不解地问。

“因为它只想活着。”导游说。

从风景区回来,细细品味导游的话,终于明白了长在石头上的那棵树活下来的__54__了:因为它只想活着,除此之外,别无他求,正是这个最简单、最原始、最朴素、最低微的__55__,让它在那个极其__56__的环境里生存了下来。

强大的生命力,不是它征服的多,而是它需求的少。

53. A 叶子是绿绿的

B 上面挂满了果实

C 它的形状非常奇特

D 它的根露在石头的表面

【题解】根据文章,树长在石头上,石头上只有一层薄薄的泥土。树长在石头上能活着已经很不容易了,A 项和 B 项不太合乎常理。因为石头上只有薄薄的一层泥土,D 项“根露在石头的表面”比 C 项“形状奇特”更符合事实。

54. **A 理由** B 原则 C 理论 D 原来

【题解】根据上文,本题需要一个名词,首先排除 D 项。A 项“理由”是做事情的道理;B 项“原则”是说话或做事依据的法则或标准;C 项“理论”是人们由实践概括出来的关于自然和社会知识有系统的结论。根据上下文中的“因为”,可以知道本题需要选择表示原因的词语,A 项正确。

55. A 思想 **B 愿望** C 情绪 D 逻辑

【题解】A 项“思想”是客观存在反映在人的意识中经过思维活动而产生的结果;B 项“愿望”是希望将来能达到某种目的的想法;C 项“情绪”是人从事某种活动时产生的心理状态;D 项“逻辑”是思维的规律。根据上文中的“只想活着”、“别无他求”,本题应该选择表示希望、要求的词语,B 项正确。

56. **A 恶劣** B 倒霉 C 难过 D 悲观

【题解】A 项“恶劣”表示很坏,可以形容行为、手段、环境、天气等;B 项“倒霉”表示遇事不顺利、遭遇不好;C 项“难过”表示身体不舒服或者伤心;D 项“悲观”表示对事物的发展缺乏信心。文章中说树长在石头上,石头上只有一层薄薄的泥土,对植物来说,这样的环境非常差,因此本题选择 A 项。

57—60.

一家化工厂发生火灾,刚开始火势并不大,发展速度也不算快,__57__致命的是一个存放液化石油气的容器漏了,又无法关闭开关断气或者将漏洞堵住,结果在消防队赶到之前,明火与液化气发生__58__,造成爆炸,导致多人死伤的悲剧发生。

事后消防员在接受记者采访时说:“其实这样的事故完全可以__59__,在火势尚小、液化气浓度尚低时,如果有人用火将漏的地方的液化气点燃的话,众人齐力将火势控制住,只需等待容器中的液化气燃尽,即可确保安全。”然而令人遗憾的是,这一有违常理的救火方式没人能想得到。

很多时候我们习惯于头痛医头,脚痛医脚,思维总是局限于某一方面,不愿__60__,结果费了九牛二虎之力,却事倍功半,收效甚微。

57. A 从而 B 然后 **C 然而** D 而且

【题解】A 项“从而”上文是原因、方法等,下文是结果、目的等;B 项“然后”表示一件事之后接着又发生另一件事;C 项“然而”用在后半句的开头,表示转折;D 项“而且”表示进一步,前面往往有“不但”、“不仅”等词语。根据文章,刚开始火势并不大,最后的结果是多人死伤,本题选择表示转折关系的选项,C 项正确。

58. A 解释 **B 接触** C 显示 D 控制

【题解】A 项“解释”表示说明原因;B 项“接触”表示挨上、碰着;C 项“显示”是明显地表示;D 项“控制”表示掌握住,不使其任意活动或越出范围。根据文章,开始火势不大,后来明火和液化气发生了爆炸,只有明火碰到了气体才能发生爆炸。本题选择 B 项“接触”。

59. **A 避免** B 逃避 C 想象 D 重视

【题解】A 项“避免”表示设法不使某种情形发生,防止;B 项“逃避”表示躲开不愿意或不敢接触的事物;C 项“想象”表示对不在眼前的事物想出它的具体形象;D 项“重视”表示认为重要而认真对待。根据下文,消防员告诉大家如何确保安全,也就是说不让危险的事情发生,本题选择 A 项。

60. A 相信别人的建议
B 多学习各种知识
C 事先做好准备工作
D 换个角度反方向思考

【题解】根据上文的“有违常理”和“思维总是局限于某一方面”可以知道,人们想问题的角度不是全面的,人们也不愿意做有违常理的事,因此本题选择换角度、从相反的角度考虑,D 项正确。

第二部分

第 61—70 题:请选出与试题内容一致的一项。

61.

仰韶文化是黄河中游地区重要的新石器时代文化,于 1921 年在河南的仰韶村被发现。仰韶文化的持续时间大约在公元前 5000 年至公元前 3000 年,分布很广。当前在中国已发现上千处仰韶文化的遗址,其中以陕西省为最多,共计 2040 处,占全国的仰韶文化遗址数量的 40%,是仰韶文化的中心。

A 仰韶村是仰韶文化的中心

B 仰韶文化是黄河地区的文化

C 仰韶文化分布在河南仰韶村

D 全国发现了几千处仰韶文化遗址

【题解】仰韶文化的中心是陕西省,A 项不正确;仰韶文化是黄河中游地区的文化,B 项不准确;仰韶文化分布很广,不只是河南仰韶村,C 项不正确;中国发现了上千处仰韶文化遗址,陕西省发现了 2040 处遗址,D 项正确。

62.

在很多国家,暴雨是降水强度很大的雨,一般指每小时降雨量 16 毫米以上,或连续 12 小时降雨量 30 毫米以上、连续 24 小时降雨量 50 毫米以上的降水。我国气象上规定,24 小时降水量为 50 毫米或以上的雨称为"暴雨",按其降水强度大小又分为暴雨、大暴雨、特大暴雨三个等级。

A 暴雨持续的时间一般很长

B 暴雨的分级标准是降水强度

C 我国的暴雨标准和一般的不同

D 暴雨就是降雨量 16 毫米以上的雨

【题解】短文没有提到暴雨持续的时间长短,A 项不正确;我国气象规定了暴雨的强度,不是通行的标准,B 项不正确;暴雨一般指每小时降雨量 16 毫米以上,或连续 12 小时降雨量是 30 毫米以上、连续 24 小时降雨量 50 毫米以上的雨,我国只用最后一种规定,C 项正确,D 项不正确。

63.

越剧是中国汉族五大戏曲种类之一,是目前中国第二大剧种。越剧长于抒情,以唱为主,多为"才子佳人"题材,主要流行于浙江、上海、江苏、福建等江南地区,全盛时期除西藏、广东、广西等少数省、自治区外,全国都有专业剧团存在,在海外亦有很高的声誉和广泛的群众基础。

A 越剧剧团遍布全国

B 越剧发展到了海外

C 广东、广西等地区不流行越剧

D 越剧是中国五大戏曲种类之一

【题解】越剧发展最好的时期，除了广东等少数地区，全国都有专业剧团，因此A项不正确；越剧在海外有很高的声誉和群众基础，说明越剧已经发展到了海外，B项正确；广东、广西等地区没有专业剧团，不能说明这些地区不流行越剧，C项不正确；越剧是中国汉族五大戏曲种类之一，D项不准确。

64.

> 砚台与笔、墨、纸是中国传统的文房四宝，是中国书法的必备用具。砚台不仅是文房用具，而且由于其性质坚固，能传百世而完好，被历代文人作为珍玩藏品。砚台的材料丰富多样，最早出现的砚台是石砚，唐代出现了端石和歙石两大砚材，明清时期的材质更加丰富，出现了铁砚、玉砚、象牙砚、竹砚等等。

A 砚台是传统的文房四宝

B 砚台最早是唐代出现的

C 明清时期的砚台材质比唐代丰富

D 文人收藏砚台是因为需要书法用具

【题解】砚台和笔、墨、纸是传统的文房四宝，A项不正确；唐代出现的是两大砚材，短文没有提到砚台最早是什么时候出现的，B项不正确；唐代出现了两大砚材，明清时期的材质更加丰富，“更加丰富”说明明清时期的材质比唐代丰富，C项正确；文人收藏砚台是因为砚台的性质坚固，能传百世而完好，D项不正确。

65.

> 远古时期，神农架林区还是一片海洋，经燕山和喜马拉雅山的运动逐渐提升成为多级陆地，并形成了神农架群。神农架平均高度1700米，山峰多在1500米以上，其中高度3000米以上的山峰有6座，2500米以上山峰20多座，最高的神农顶为3105.4米，成为华中第一峰，神农架因此有“华中屋脊”之称。

A 神农架地区有海洋

B 神农顶是华中地区最高的

C 神农顶被称为“华中屋脊”

D 神农架山峰都在1500米以上

【题解】远古时期，神农架地区是一片海洋，现在是林区，A项不正确；神农顶称为华中第一峰，“第一”说明是最高的，B项正确；神农架有“华中屋脊”之称，不是神农顶，C项不正确；神农架的山峰多在1500米以上，并不是“都在1500米以上”，D项不正确。

66.

> 曾国藩是中国历史上最有影响的人物之一。在曾国藩的倡议

> 下，建造了中国第一艘轮船，建立了第一所兵工学校，印刷翻译了第一批西方书籍，安排了第一批去美国的留学生。有的评论者说：“如果以人物断代的话，曾国藩是中国古代历史上的最后一人，近代历史上的第一人”。

A 曾国藩在兵工学校工作

B 曾国藩参与翻译了西方书籍

C 曾国藩是第一批美国留学生

D 曾国藩在中国历史上很有影响

【题解】曾国藩倡议建立兵工学校，不在兵工学校工作，A 项不正确；曾国藩倡议印刷翻译了第一批西方书籍，B 项不正确；曾国藩安排了第一批去美国的留学生，C 项不正确；曾国藩是中国历史上最有影响的人物之一，D 项正确。

67.

> 单反，就是指单镜头反光，这是当今最流行的取景系统，大多数 35mm 照相机都采用这种取景器。该系统的心脏是一块活动的反光镜，这种系统的独到设计能使观景窗中所看到的影像和胶片上永远一样，它的取景范围和实际拍摄范围基本上一致，消除了视差现象。

A 35mm 的照相机都用单反

B 单反是当今最流行的照相机

C 活动的反光镜是系统最重要的部分

D 单反相机的取景范围和拍摄范围一致

【题解】大多数 35mm 的照相机采用单反取景器，不是所有的，A 项不正确；单反是现在最流行的取景系统，不是最流行的照相机，B 项不正确；单反系统的心脏是活动的反光镜，“心脏”比喻最重要的部分，因此 C 项正确；单反相机的取景范围和拍摄范围基本一致，不是完全一致，D 项不正确。

68.

> 一对夫妻有两个女儿，一个六岁，另一个四岁。她们睡觉时总是不好好睡，妻子为此向丈夫抱怨。丈夫很爱唱歌，他认为，如果在睡觉时唱歌给孩子们听，将帮助她们入睡。于是，他每个周末的晚上都这么做，直到有一次他听到姐姐小声对妹妹说：“如果你假装睡着了，他就会闭嘴了！”

A 爸爸觉得给孩子唱歌能帮她们入睡

B 孩子们很喜欢听爸爸唱歌

C 妈妈希望孩子早点儿睡觉

D 孩子们听着爸爸的歌睡着了

【题解】丈夫认为在睡觉时给孩子唱歌能帮助孩子入睡，A 项正确；姐姐对妹妹说，如果假装睡着了，爸爸就不唱了，说明孩子们不喜欢听爸爸唱歌，B 项不正确；妈妈常常抱怨孩子总是不好好睡觉，但是短文没有说妈妈希望孩子们几点睡觉，C 项不正确；孩子们是装睡，唱歌没能帮助孩子们入睡，D 项不正确。

69.

> 《六韬》是中国古代的一部著名兵书，又称《太公六韬》、《太公兵法》，普遍认为是后人借周朝姜尚之名所写，现在一般认为此书成于战国时代。1972 年 4 月，在山东西汉古墓中，发现了大批竹简，其中就有《六韬》的五十多枚，这就证明《六韬》至少在西汉时已广泛流传了。

A《六韬》有多种名称

B《六韬》在战国时广泛流传

C《六韬》是周朝姜尚写的

D《六韬》是战国时代写成的

【题解】《六韬》又称《太公六韬》、《太公兵法》，说明《六韬》有多种名称，A 项正确；考古发现只能证明《六韬》在西汉广泛流传，B 项不正确；人们认为《六韬》是后人借姜尚的名字写的，C 项不正确；人们一般认为《六韬》是战国时代写成的，但不一定是事实，D 项不正确。

70.

> 7 月 13 日，《财富》中文网发布年度中国企业 500 强排行榜，国内三大电信运营商均进入前 20 位，其中，中国移动位列第三，中国电信列第 14 位，中国联通则位居第 19 位。与上年相比，本次榜单的入围营业收入提高了 12 亿元，有 45 家公司首次上榜。今年，中国 500 强总收入达 18.9 万亿，比去年增长了 38%，占中国 GDP 的 47%。

A 企业 500 强中有 45 家公司营业收入超过 12 亿元

B 这次进入排行榜的要求比去年高

C《财富》杂志发布了中国企业 500 强排行榜

D 国内电信运营商都进入了 500 强排行榜

【题解】45 家公司是第一次进入排行榜，不是营业收入超过 12 亿元，A 项不正确；本次榜单的入围营业收入提高了 12 亿元，说明要求比去年高，B 项正确；《财富》中文网发布了中国企业 500 强排行榜，C 项不准确；短文只提到国内三大电信运营商进入了排行榜，没有提到其他运营商，D 项不正确。

第三部分

第71—90题：请选出正确答案。

71—75.

> (71)在一个孩子的成长过程中，接受鼓励、产生自信心是非常重要的成长内容，是父母应该时刻关注的步骤。没有自信的孩子很容易放弃任何努力，表现出自己是无用的，(72)而且有时还故意做出反其道而行之的事情。(73)这样做的原因是他认为自己是无能的，不能做出任何有意义的贡献，是没有价值的，那么还不如做些恼人的具体事情来引起别人的注意。父母不问青红皂白地随意批评孩子，是最容易让孩子的自尊心和自信心受到伤害的。(74)鼓励是一个不断进行的过程，这一过程的主要目的就是能让孩子得到一种自我满足，即自尊感和成功感。

71. 根据本文内容，孩子在成长过程中什么很重要？

A 是否相信自己

B 有一颗善良的心

C 能不能认真学习

D 一个好的家庭环境

【题解】根据文章中"产生自信心是非常重要的成长内容"，说明孩子是否相信自己很重要，A项正确。

72. 文中"反其道而行之"的事情是指：

A 老师吩咐的

B 自己认为对的

C 朋友请求帮忙的

D 与父母意思相反的

【题解】根据文章中"没有自信的孩子很容易放弃任何努力，表现出自己是无用的，而且有时还故意做出反其道而行之的事情"，"放弃努力"、"表现出无用"不是老师吩咐的或朋友请求的，排除A项、C项；孩子放弃努力不能说明孩子认为这样是对的，只是因为他们没有自信，B项不正确；父母都不希望孩子放弃努力，但是孩子放弃了，这是与父母意思相反的，"放弃努力"、"表现无用"和下文中"反其道而行之"是一类的行为，因此本题选择D项。

73. 作者认为孩子故意做出让父母生气的事情是因为：

A 父母没有时间陪伴孩子

B 孩子对自己失去了信心

C 孩子希望父母表扬自己

D 感觉这样做很有成就感

【题解】作者认为，孩子觉得"自己是无能的，不能做出任何有意义的贡献，是没有价值的，那么还不如做些恼人的具体事情来引起别人的注意"，因此孩子故意做让父母生气的事是孩子觉得自己无能，也就是没有信心，B 项正确。

74. 鼓励孩子的目的是让孩子：

A 觉得自己很棒

B 可以更加听话

C 迅速提高学习成绩

D 能够遵守学校纪律

【题解】根据文章，鼓励的目的是"让孩子得到一种自我满足，即自尊感和成功感"，孩子能"自我满足"、有"成功感"，说明孩子觉得自己很棒，本题选择 A 项。

75. 这段话主要是想告诉我们：

A 怎样教育不听话的孩子

B 如何养成良好的学习习惯

C 父母是孩子的第一任老师

D 鼓励对孩子成长的重要性

【题解】文章说"在一个孩子的成长过程中，接受鼓励、产生自信心是非常重要的成长内容，是父母应该时刻关注的步骤"，就是说鼓励孩子是非常重要的，D 项正确。

76—80.

(76)一对住在乡下的父子，带着家里的一匹马要到城里去卖。一开始父子俩牵着这匹马一起走路。(77)走着走着，就听到有人说："哈哈！你看，这里有两个大傻瓜，有马不骑，竟然在那里走路。"父子俩听了觉得很有道理，爸爸就叫儿子骑着马，自己走路。走着走着，又听到人家说了："你看你看，这个孩子太不孝顺了，竟然自己骑马，叫父亲走路。"于是，他们就换过来，这次换爸爸骑马，儿子走路。(78)走着走着，又听到人家说了："天啊！竟然有这样的父亲，自己骑着马享受，却叫儿子走路。"父子俩听了，觉得很为难，不知怎么办才好。(79)想了好久，终于想到一个好办法。这个好办法就是，两个人一起骑着马进城。他们想这一次一定没有问题了。两个人就很放心地骑着马。走着走着，又有人说话了："你看你看，这两个人真可恶，两个人加起来那么重，竟然骑一匹瘦马，真是不像话。"父子俩听了，赶紧下来，不知该怎么做才好。

76. 父子俩要去：

A 郊外　　　　**B 市场**

C 乡下　　　　D 朋友家

【题解】父子俩带着马去城里卖，要卖东西就要去市场，本题选择 B 项。

77. 第一个人：

A 不太聪明　　　　B 想去卖马

C 在笑话他们　　　　D 很喜欢动物

【题解】第一个人说"哈哈！你看，这里有两个大傻瓜"，这是在笑话他们父子，C 项正确。

78. 第三个人批评他们什么？

A 他们俩很笨

B 儿子不孝顺

C 父亲不疼儿子

D 他们不爱护动物

【题解】第一个人笑他们有马不骑，很笨；第二个人批评儿子不孝顺，自己骑马，让父亲走路；第三个人批评父亲自己骑马，让儿子走路，也就是说父亲对儿子不好，不疼儿子，C 项正确。

79. 父子俩想到一个什么好主意？

A 把马送回家　　B 再卖一匹马

C 都骑在马上　　D 一起抬着马

【题解】父子俩的好办法是“两个人一起骑着马进城”，C 项正确。

80. 关于这父子俩，下列正确的是：

A 都非常聪明

B 不受别人影响

C 很懂得尊重别人

D 没有自己的主张

【题解】根据文章，每次有人批评父子俩的时候，他们都会改变自己的做法，说明他们没有自己的看法、自己的主张，D 项正确。

81—85.

战国时，赵国有个人叫赵虎。(81)他家里老鼠成灾，不仅粮食被白白吃掉了不少，而且衣服、家具也都被咬坏了。全家人十分着急，赵虎便四处寻找抓老鼠的猫，常常对人说：“只要能够抓到老鼠，什么样的猫都行！”

过了不久，在大家的帮助下，赵虎从中山国买了一只大花猫。大花猫一到赵家，就把老鼠追得到处乱跑。没几天，赵家就不见老鼠了。(82)但是，这只大花猫不仅善于抓老鼠，同时也很喜欢偷吃鸡。赵虎的儿子非常恼火，他几次要父亲把这只猫赶走。赵虎当然知道不能赶走猫，他给儿子解释说：“这个道理你还不明白吗？(83)我们家的重要祸患是老鼠，而不在于没有鸡。(84)家中要有了老鼠，就会偷吃我们的粮食，咬坏我们的衣服，打穿我们的墙壁，破坏我们的家具，我们就要没有东西吃，也没有衣服穿。这些损失，不是比没有鸡更坏十倍吗？而没有鸡，只不过不吃鸡而已，但我们的粮食、衣服都还在啊，所以，我们怎么能把猫赶走呢？”儿子听了父亲的话，觉得很有道理，也就不再说要把猫赶走了。在这个故事里，赵虎买的猫，有善抓老鼠的长处，又有偷吃鸡的短处。这两个方面对赵家来说，老鼠之害肯定要比没有鸡的结果更坏。因此，赵虎认为这只猫是功大于过，养猫是好处大于坏处，所以要将有“缺点”的猫继续养在家中。

81. **赵虎家人着急是因为：**

A 喂的鸡没有了

B 家里老鼠太多

C 没有粮食吃了

D 找不到听话的猫

【题解】根据文章中赵虎“家里老鼠成灾，不仅粮食被白白吃掉了不少，而且衣服、家具也都被咬坏了，全家人十分着急”，可以知道着急的原因是家里的老鼠问题，本题选择B项。

82. **赵虎的儿子为什么要把猫赶走?**

A 他不喜欢猫　　B 猫身上太脏

C 猫抓伤了人　　**D 鸡被猫吃了**

【题解】大花猫喜欢偷吃鸡，赵虎的儿子非常生气，要把猫赶走，本题选择D项。

83. **可以代替文中第二段“祸患”的词语是：**

A 不幸　　**B 灾害**

C 悲剧　　D 痛苦

【题解】A项“不幸”表示使人失望、伤心、痛苦的事；B项“灾害”表示自然现象或人类行为造成的一定规模的祸害；C项“悲剧”表示不幸的遭遇；D项“痛苦”表示身体或精神难受。四个选项中，A项、C项、D项有相近的意思，都有痛苦、伤心的意思，而B项表示的是某些因素造成的后果，根据文章，赵家老鼠太多，造成了很多问题，因此本题选择B项。

84. **赵虎认为：**

A 这只猫值不少钱

B 除掉老鼠比较重要

C 已经和猫有了感情

D 马上要把猫给别人

【题解】根据文章，赵虎认为有老鼠的问题比没有鸡的问题更严重，也就是说除掉老鼠比较重要，B项正确。

85. **通过这个故事，我们明白了什么道理?**

A 看待事情要全面

B 乐观心态很重要

C 要学会控制情绪

D 要有一颗善良的心

【题解】赵虎家的猫能抓老鼠，可是也偷鸡，但是对赵虎家来说，有老鼠比没有鸡的后果严重，因此赵虎并没有把猫赶走，这个故事说明看事情要全面，A项正确。

86—90.

> 复试开始了，据说负责主持复试的是总经理。
>
> 考试是单独面试。
>
> 小王一走进小会客厅，坐在正中沙发上的一位先生便站了起来，他认出来此人正是总经理。
>
> “是你?! 你是……”总经理准确说出了小王的名字，并且快步走到他面前，紧紧握住了他的双手。

“原来是你！我找了你很长时间了。”(86)总经理一脸的惊喜，转过身对在座的另外几个人嚷道：“向你们介绍一下，这位就是救过我女儿的那位年轻人。”

小王的心狂跳起来，还没有容他说话，总经理把他一把拉到旁边的沙发上坐了下来，说道：“(87)我划船的技术太差了，让女儿掉进了湖中，要不是你就麻烦了。真抱歉，我当时只顾看我女儿了，也没有来得及向你道谢。”

小王极力控制了一下自己激动的心情，说道：“(88)很抱歉，总经理。我以前从未见过您，更没有救过您的女儿。”

总经理又一把拉住他：“怎么？你忘了？4月2日，在昆明湖公园……肯定是你！年轻人，你骗不了我的。”总经理一脸的得意。

小王站起来：“总经理，我想您肯定弄错了。我没有救过您的女儿。”

小王说得很坚决，总经理一时不说话了。忽然，他又笑了：“年轻人，我很欣赏你。(90)我决定，免试了。”

(89)诚实是一切美德的根本。要获得别人的信任与重视，你首先要做到诚实。想骗别人的人，最终被骗的是自己。

86. 总经理见到小王后很：

A 生气 **B 激动**
C 委屈 D 后悔

【题解】根据文章中“总经理一脸的惊喜，转过身对在座的另外几个人嚷道”，这是“激动”的表现，B项正确。

87. 总经理认为小王：

A 非常有才华
B 游泳技术特别好
C 救了自己的孩子
D 很适合自己的女儿

【题解】文章中没有提及小王有没有才华，A项不正确；总经理认为女儿掉进湖里的时候，是小王救了他的女儿，C项正确；B项是根据文章内容的推论；D项和内容无关。

88. 面对总经理的感谢，小王：

A 非常得意
B 否认了他的说法
C 希望得到好职位
D 认为那是自己该做的

【题解】总经理说小王救了他的女儿，但是小王说了两次没有救过总经理的女儿，小王否认了总经理的说法，B项正确。

89. 总经理欣赏小王的什么？

A 谦虚 **B 诚实** C 能力 D 善良

【题解】总经理说小王救了他的女儿，小王两次否认了总经理的说法，这是总经理的一次“考试”，而小王说的是实话，没有为了好处说假话。文章最后说“诚实是一切美德的根本”，这是文章的中心意思，也是作者讲故事的目的，由此可以知道总经理欣赏小王的诚实，B项正确。

90. 小王最终：

A 得到了这份工作

B 承认了这件事情

C 去了另外一家公司

D 成了公司的总经理

【题解】最后，总经理说“免试了”，说明小王不需要面试了，他已经得到了工作，A项正确。